Trauergeschichten für

Kindergarten- und Grund-schulkinder

Veronika Vollmer

Und wo ist der Himmel?

Was bleibt, ist der Schatz der Erinnerungen

Geschichten für die Begleitung von trauernden Kindern

Bibliografische Information der Deutschen Nationalbibliothek:
Die Deutsche Nationalbibliothek verzeichnet diese Publikation in der Deutschen Nationalbibliografie; detaillierte bibliografische Daten sind im Internet über http://dnb.dnb.de abrufbar.

Autorin   :Veronika Vollmer
*Illustration: **Martine Blankenburg***
federnflug@gmx.de

Herstellung und Verlag:
BoD - Books on Demand, Norderstedt
ISBN 978-3-7528-2012-6

Inhaltsverzeichnis

- Vroni (5) findet heraus, warum es im Himmel kein Gedrängel gibt.

- Monas (6) Mama ist plötzlich tot.

- Micha (8) erlebt, wie seine Mama verunglückt und stirbt.

Der Tod eines Geschwisterkindes

- Christians (6) kleine Schwester stirbt kurz nach der Geburt.

- Louisas (7) großer Bruder verunglückt tödlich.

Der Tod der Oma

- Josies (9) Oma stirbt nach langer Krankheit.

Der Tod des Opas

- Der Opa von Niklas (9) freut sich auf seine geliebte Frau im Himmel.

Der Tod durch Suizid

- Wir, Julchen(7), Hanni (10), Charly(11) und Lara(14), vergessen dich nie.

Vorwort

Wir haben uns bei unserer ehrenamtlichen Tätigkeit als Begleiter für trauernde Kinder und Jugendliche immer wieder mit der Frage beschäftigt: „Welche Geschichte haben wir heute für das jeweilige Kind?" Nicht immer fanden wir das passende Buch oder eine angemessene Erzählung. Darum entschlossen wir uns, dieses Buch zu schreiben.

Die Illustration der von mir geschriebenen Geschichten übernahm die Kunsttherapeutin Martine Blankenburg. Gemeinsam wollen wir auch für jede Geschichte ein entsprechendes Bilderbuch herausbringen. Für die Geschichte: „Tante Klöpper und ihre Seele", ist bereits das erste Buch erschienen, in dem eindrucksvolle, aber auch humorige Bilder den aus Sicht der Kinder erzählten Text veranschaulichen.

Während sich die Bilderbücher mehr direkt an die Kinder wenden, so ist dieses Buch eher für Begleiter von trauernden Kindern gedacht; selbstverständlich aber auch für alle anderen Interessierten.

Die Erzählperspektive aus Sicht der betroffenen Kinder erleichtert es den Betroffenen, sich in den Geschichten wiederzufinden. Durch die Identifikation mit den Protagonisten können sie erkennen, dass es erlaubt ist, traurig, wütend oder enttäuscht zu sein.

Uns ist vor allem wichtig, dass die trauernden Kinder Zugang zu ihrer Trauer finden, diese dann auch zulassen und nach und nach verarbeiten können. So ist zu hoffen, dass es den kleinen Seelen schließlich wieder besser geht.

Sereetz, im Sommer 2017

Veronika Vollmer und Martine Blankenburg

Mittlerweile ist ein Jahr vergangen, und wir haben die Geschichten
„Bin oder war ich Bruder? " und
„Mona – ohne Mama ist plötzlich alles anders"
als Bilderbuch herausgebracht.

Es gibt jetzt auch ein weiteres Bilderbuch von Mona, und zwar *„Mona – Wie sich mein Leben ohne Mama verändert"*
In dieser Geschichte geht es darum, wie Mona das erste Jahr nach Mamas Tod erlebt.

Sereetz, im Sommer 2018

Tante Klöpper und die Seele

Tante Klöpper war eine kleine, dicke alte Frau. Sie kam immer nachmittags zu Besuch zu meiner Oma. Sie tranken Kaffee und unterhielten sich über alte Zeiten. Meist nahm mich – ich war so 5 Jahre alt - meine Oma dann auf ihren Schoß, und ich schlief ein.

Dann kam Tante Klöpper nicht mehr. Oma sagte, dass sie gestorben sei und dass wir sie beerdigen müssen. Beerdigen müssen….ja, ich wusste, was das war. Man grub ein Loch und steckte den toten Vogel hinein und machte das Loch wieder zu.

Aber sollte Tante Klöpper auch in so ein Loch gesteckt werden?

Meine Oma konnte ich nicht fragen, denn sie war sehr traurig.

Dann kam der Tag der Beerdigung. Meine Mutter zog mir die schwarzen Lackschuhe an, die ich sonst nur sonntags tragen durfte. Wir gingen zum Friedhof, den kannte ich, weil Oma mit mir immer Opa besuchen ging. Der wohnte in dem großen Stein mit den Buchstaben darauf. Jedenfalls glaubte ich das bisher.

Es waren viele Leute in schwarzer Kleidung mit traurigen Gesichtern da. Wir gingen alle hinter dem Sarg - das war die Holzkiste, in der jetzt Tante Klöpper lag - her. Erst der Pfarrer und die Messdiener und dann die traurigen Menschen.

Als wir an dem Loch, in das Tante Klöpper gelegt werden sollte, ankamen, blieben wir stehen und es wurden Lieder gesungen. Ich mochte das sehr gerne, wenn diese Lieder gesungen wurden. Dann ließen die starken Männer Tante Klöpper an Seilen herunter in das Loch.

Und dann sprach der Pfarrer:

„Lieber Gott, nimm du bitte unsere liebe Verstorbene Antonia Klöpper zu dir in dein Himmelreich."

Jetzt gingen alle traurigen Menschen zu dem Loch und warfen Blumen und Erde auf die Holzkiste. Meine Oma gab mir die Blume und gab mir zu verstehen, dass ich sie hineinwerfen sollte. Sie selbst nahm die kleine Schaufel und wollte gerade Erde auf die Holzkiste werfen.

„ Nein…..nein… Oma, das kannst du nicht tun!" rief ich erschrocken. Meine Oma schaute mich erstaunt an und wir gingen weiter. Sie fragte mich, warum sie das nicht tun dürfe. Wir gingen gemeinsam zu Opas Stein und setzten uns auf die Bank in der Nähe des Steins.

Ich sagte ihr, dass der Pfarrer doch Gott gebeten habe, sie in sein Himmelreich zu nehmen. Das wäre ja jetzt schon eine schwere Aufgabe und dann sollte er Tante Klöpper auch erst noch aus der Erde buddeln, die die traurigen Menschen auf sie geworfen hatten. Das konnte ich mir nicht vorstellen.

Meine Oma schaute mich an, nahm mich auf ihren Schoß und sagte, dass der Mensch nicht nur einen Körper, sondern auch eine Seele hat. „Die Seele….. was ist das denn?" fragte ich Oma. „Die Seele ist all das, was uns ausmacht: Wie wir fühlen, was wir tun, was wir denken, wie wir reden, wie wir denken, und vor allem, wie wir uns anderen Menschen gegenüber verhalten."

„Wie sieht die Seele aus?" fragte ich. Oma sagte: „Gesehen hat sie noch niemand, aber ich glaube, sie sieht aus wie eine Hand." „Wie eine Hand?" fragte ich. „Aber der Pfarrer hat doch gesagt, dass Tante Klöpper zu Gott ins Himmelreich geht."

„Vroni", sagte meine Oma. „Mach die Augen zu und stell dir mal vor, wie voll es im Himmel wäre, wenn alle Menschen mit ihrem Körper und der Seele in den Himmel kämen." Ich musste lachen bei dem Gedanken an dieses Gedrängel. Da wären sicher viel mehr Menschen als freitags auf dem Markt.

Oma nahm mich an die Hand und wir gingen nach Hause. Zu Haus sagte sie: „Leg mal deine Hände auf das Blatt Papier." Sie nahm einen Stift und malte um meine Hände herum. Dann holte sie eine Schere aus dem Schrank, der so lecker roch und aus dem ich auch immer sonntags ein Stück Schokolade bekam.

Sie schnitt meine gezeichneten Hände aus, faltete sie in der Mitte und sagte: „Schau mal, wenn die Seele so aussehen würde, gäbe es kein Gedrängel im Him-

mel und wenn die Seele sich dann aus-
klappt, sieht es aus wie…?" „Wie Engels-
flügel!" rief ich laut. Jetzt hatte ich es verstanden: Wenn wir tot sind, wird nur unser Körper in die Erde gelegt, unsere Seele aber kommt in den Himmel.

Meine Oma gab mir ein Stück
Schokolade. Ich schaute sie an und fragte:
„Ist denn heute Sonntag? "
„ Nein", sagte sie, „aber ein besonderer
Tag."

Meine Oma war die tollste Oma, die
man sich wünschen kann.

...und plötzlich ist alles anders

Stille...es ist eine eigenartige Stille. Ich, Mona, bin 6 Jahre und ich fühle an diesem Sonntagmorgen diese eigenartige Stille. Nicht, dass es bei uns zuhause laut ist. Meine Mama und ich leben allein. Mein Papa wohnt ein paar Straßen weiter. Er hat eine Freundin, die ich gern habe.

Ich liege noch im Bett und warte, dass es 8:oo Uhr wird, dann kann ich aufstehen und das Frühstück vorbereiten, eigentlich decke ich nur den Tisch. Mama macht uns dann einen leckeren Kakao und dünne Pfannkuchen. Die hatte ich mir gestern gewünscht.

Endlich ist es soweit...noch wenige Minuten...dann schleiche ich mich zu Mama ins Zimmer, krabbele unter die Decke und dann kitzelt Mama mich aus. Ich glaube, Mama freut sich genauso darauf wie ich.

Jetzt... der kleine Zeiger ist auf der 8 und der große fast auf der 12...ich schleiche in ihr Zimmer. Ich spüre wieder diese eigenartige Stille...was ist los? „Mama, Mama bist du wach?" Keine Antwort. „Mama, Mama schläfst du noch?" Keine Antwort.

Ich spüre, dass etwas nicht stimmt. Papa...ich muss Papa anrufen. Papa kommt und geht zu Mama. Er hat Tränen in den Augen. Er ruft den Arzt an. Er ruft Oma und Opa an. Sie kommen alle und weinen. Was ist los? Warum sagt mir keiner was? Oma nimmt mich in die Arme und sagt, wir gehen jetzt erst mal zu uns nach Haus. Ich bin gerne bei Oma und Opa, aber heute will ich nicht.

Mama und ich wollen heute eine Radtour mit Picknick machen. Mama...Mama...was ist hier los? Ich glaube Mamas Stimme zu hören, die sagt: „Ich hab dich so lieb." Sie lassen mich nicht zu ihr ins Zimmer.

Als wir bei Oma und Opa angekommen sind, macht Oma mir einen Kakao und ein Brot mit Marmelade. Sie weinen...meine Oma und mein Opa. Ich habe sie noch nie weinen gesehen. Oma nimmt mich auf ihren Schoß und wiegt mich, so wie immer, wenn ich traurig bin.

Ich bin traurig, weil unser geliebter Sonntag nicht wie immer abläuft. Plötzlich sagt Oma unter Schluchzen: „Mona, deine Mama ist tot". Opa nimmt uns beide in den Arm und weint. Was ist hier los? Träume ich? Ich will aufwachen!

Tot, was bedeutet das? Opas Wellen-sittich ist tot, den haben wir begraben. Wir haben im Garten ein Loch geschaufelt und Hannibal in einem schö-nen Karton hineingelegt. Opa hat etwas Liebes gesagt und dann haben wir eine Blume darauf gepflanzt.

„Ich will zu meiner Mama!" rufe ich so laut ich kann. „Das geht nicht", sagt Opa. …und plötzlich ist sie wieder da, diese Stille...ich bin eingeschlafen. Ich habe von Mama geträumt. Als ich wieder

wach werde, höre ich sie alle im Wohn-
zimmer leise sprechen.

Ich wohne jetzt bei Papa. Ich brauche
nicht in die Vorschule. Alle sind lieb zu
mir. Nur meine Mama ist nicht da. Sie ist
tot. Sie hat mich allein gelassen. Sie hat
sich nicht von mir verabschiedet. Papa
sagt: Mamas Herz hat aufgehört zu schla-
gen. Einfach so.

Mama wird beerdigt.

Mamas Körper wird beerdigt.

Meine Erinnerungen an Mama werden
nicht beerdigt. Die gehören mir. Papa hat
mir eine Erinnerungskiste gebastelt. In
diese Kiste habe ich Mamas liebste Kette
gelegt, Fotos von ihr, einen von ihr geschriebenen Einkaufszettel und weitere
Dinge, die mich Mama nicht vergessen
lassen werden.

Ihr Lachen kann ich dort nicht hinein packen, das ist in mir. Wenn ich die Augen schließe, sehe ich, wie sie mich auskitzelt, und wir beide lachen laut und fröhlich.

Ich höre, wie sie sagt: „Ich hab dich so lieb."

Der letzte
Glühwürmchen-Sommer

Juchhu…es ist Freitag. Die Schule ist aus, die Sonne scheint und gleich geht es los. Mama hat freitags frei. Sie hat schon alles vorbereitet. Melli hat noch eine Stunde Unterricht. Sie ist schon 10 Jahre und geht in die 4. Klasse. Papa kommt auch gleich. Mama und ich bringen schon einmal die Schlafsäcke ins Auto. Ich bin Micha und 8 Jahre alt. Melli und Papa kommen. Wir essen noch zu Mittag und dann geht es endlich los.

Ich liebe diese Wochenenden im Sommer. „Alle einsteigen!" ruft Papa. Wir fahren zu unserem Lieblingssee, einem Baggersee. Ich freue mich riesig und morgen früh kommen unsere Nachbarn mit ihren Kindern. Sam ist mein bester Freund. Sie kommen zwar nur für einen Tag, weil Sams Mama nicht zelten möchte. Aber meine Mama, die macht alles mit. Sie ist die coolste Mama der Welt.

Im Auto wird erst einmal erzählt, was jeder am Morgen erlebt hat, wie die Schule oder wie es auf der Arbeit war. Nach einer geschätzten Ewigkeit – so ca. einer Stunde ☺ - kommen wir an. Als erstes laden wir alles aus und bauen die zwei Iglu-Zelte auf. Wir stellen sie immer so, dass die Eingänge gegenüberliegen. In dem einen schlafen Melli und ich und in dem anderen Mama und Papa.

Aber jetzt geht es los, Badezeug an und ab zum Wasser. Es ist sogar ein kleiner Sandstrand da. Wenn wir alleine ins Wasser gehen, dann dürfen wir nur bis zu einer bestimmten Stelle schwimmen, damit Mama und Papa uns noch sehen können.

Melli und ich sind gute Schwimmer. Melli hat schon das Goldabzeichen und ich habe das Silberabzeichen. „Mama, dürfen wir jetzt rein?" „Na klar, ihr Wasserratten." Wir haben jede Menge Spaß. Später gehen wir zum Zeltplatz und grillen. Das Highlight des Abends kommt aber jetzt noch.

Auf dem Weg zu einem kleineren See geht es durch ein Wäldchen, und hier gibt es Glühwürmchen. Es ist toll, diese Würmchen zu beobachten. Am liebsten würde ich sie fangen und in meine Hand nehmen, um zu schauen, ob sie dann weiterleuchten. Papa sagt aber, dass das für die Tiere nicht gut sei und dass sie in der Hand auch nicht mehr leuchten. Ich

glaube, dass er das als Kind schon ausprobiert hat.

Nach unserem Abendspaziergang geht
es ins Zelt. Ich schlafe sofort ein. Am
frühen Morgen scheint schon die Sonne
und es ist herrlich warm. Nach dem
Zähneputzen und Frühstücken geht es
wieder zum Wasser. Gleich kommt mein
Freund Sam. Endlich kommen sie und
bringen Kuchen mit. Wir essen den
leckeren Sprite-Kuchen, den Sams Mama
gebacken hat. Wir spielen im Sand und

ein wenig im Wasser. Sam kann nicht so gut schwimmen.

Aber ich möchte schwimmen und Mama sagt: „Ok, bis zum Camper-Steg." Diese Strecke schaffe ich natürlich. Aber Mama sagt: „Nur mit einem Erwachsenen, der ein guter Schwimmer ist." Mama ist eine gute Schwimmerin. Melli möchte nicht mit. Sie spielt mit den anderen am Strand.

Wir haben es fast geschafft, ich brauche nur noch drei Schwimmzüge und dann bin ich am Steg. Ich weiß, dass Mama mich immer vorschwimmen lässt. Damit sie mich „im Blick" hat, wie sie sagt, aber ich glaube, dass ich schneller bin.

Ich bin am Steg angekommen.

„Mama, wo bist du?" rufe ich, „ich warte schon auf dich." Sie taucht gerne, aber jetzt könnte sie wieder auftauchen.

Ich gehe ein paar Schritte ins Wasser und nehme Mamas Hand.

Was ist los?

„Mama, was ist los?" „Micha", sagt sie und atmet eigenartig. Ich rufe immer wieder: „Hilfe Papa, Hilfe!"... aber er kann mich nicht hören. Ein Camper kommt. Er hat mein Rufen gehört. Er schaut mich an. Er schaut Mama an. Er sagt zu mir: „Lauf schnell zum Campingplatz, sie sollen einen Krankenwagen anrufen. Lauf!"

Es kommen noch einige andere Personen vom Campingplatz mit mir zum Steg. Der Mann kniet neben Mama und macht Herzmassage und sagt immer wieder: „Komm zurück, komm zurück!" Zwischenzeitlich sind Papa, Melli und unsere Nachbarn auch zum Steg gekommen. Papa kniet sich neben Mama und übernimmt die Herzmassage und sagt: „Lass mich nicht allein." Melli weint.

Der Krankenwagen kommt. Die Sanitäter legen Mama eine Sauerstoffmaske aufs Gesicht und schieben sie auf der Trage in den Krankenwagen. Papa fährt mit. Sams Eltern nehmen uns mit. Wir fahren zum Krankenhaus. Papa kommt uns weinend entgegen. Ich weiß, was los ist.

Mama ist tot.

Ich habe nicht auf sie aufgepasst. Ich wollte unbedingt schwimmen. „Mama, ich will zu Mama", sage ich lautlos. Papa geht mit uns zu Mama. Sie hat ein Lächeln im Gesicht, das gleiche Lächeln, als sie das letzte Mal „Micha" zu mir sagte.

Ein Arzt kommt ins Zimmer und sagt, dass Mama einen Herzfehler hatte und daran gestorben sei. Keiner habe ihr helfen können. Das Leben ohne Mama wird wie ein Sommer ohne Glühwürmchen sein.

Mama wurde beerdigt. Papa muss wieder zur Arbeit. Wir müssen wieder zur Schule. Unser Leben muss weitergehen. In den ersten Schultagen sind alle Lehrer und meine Mitschüler sehr lieb zu mir.

Ich fühle mich wie ein Fremder, ich gehöre irgendwie nicht mehr dazu. Ich bin anders, ich habe keine Mutter mehr.

In der großen Pause spricht mich ein Junge aus der 3. Klasse an. Er heißt Lars und er fragt mich direkt: „Wie geht es dir ohne deine Mama? Meine Mama ist vor einem halben Jahr gestorben. Ich vermisse sie immer noch ganz doll." „Es tut so weh. Es ist, als wenn mir jemand das Herz rausgeschnitten hätte", antworte ich.

„Micha, das kenne ich. Ich gehe in eine Trauergruppe, da bin ich kein Fremder, da haben alle das gleiche Schicksal. Wir sprechen dort darüber, wie es uns geht und wie wir mit unseren Gefühlen umgehen können und wie wir uns vorstellen, wo unsere Mamas jetzt sein könnten. Morgen Nachmittag haben wir wieder Gruppe. Möchten du und deine Schwester mitkommen?" „Danke Lars, ich werde Melli und Papa fragen, ob das ok ist."

Papa und Melli halten das auch für eine sehr gute Idee. Papa bringt uns dorthin und er bleibt in der Elterngruppe. Lars wartet schon auf mich. Die Gruppe ist toll. Sie nehmen Melli und mich in ihre Runde herzlich auf.

Steffi, die Gruppenleiterin liest uns eine Geschichte vom „Schatz der Erinnerungen" vor. In der Gruppe sprechen alle über ihre Erinnerungen an den lieben Verstorbenen. Zum Ende der

Stunde bekommen wir alle einen Schlüssel. Steffi sagt: „Jeder Mensch trägt einen Schatz der Erinnerungen in sich, und dies ist der Schlüssel zu euren Erinnerungen."

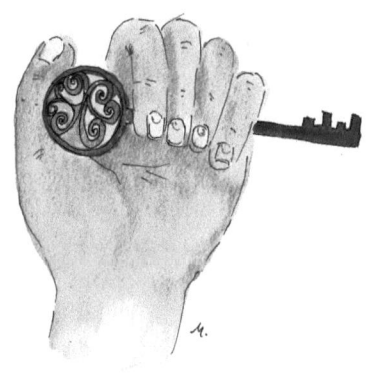

Am Ende fragt Steffi mich, ob ich wiederkommen will. „Ja, ich möchte gerne wiederkommen, denn hier bin ich kein Fremder", antworte ich ihr. Melli und Papa hat es auch gut gefallen, und wir gehen das nächste Mal wieder hin.

Mama kommt nicht wieder, aber wenn ich den Schlüssel in die Hand nehme, erinnere ich mich an sie.

Es gibt sie wirklich...die Engel

Manuela ist 10 Jahre alt, als sie mit ihren Eltern im Sommer in das Haus in der Neubausiedlung von Hembsen zieht. Es ist sehr schön dort. Alles neue Häuser und auch ein toller Spielplatz sind dort. Na ja eigentlich sind es nur Steine und Sand. Es wird aber der Treffpunkt für alle Kinder, die jetzt in diese Neubausiedlung gezogen sind.

Manuela ist schon ein wenig traurig, denn ihre Freundin wohnt in Brakel und sie können sich jetzt nicht mehr so oft sehen. Ein paar Wochen später zieht in das Nachbarhaus eine Familie mit zwei Kindern ein. Sie lernen sich kennen und stellen fest, dass das Mädchen aus dem Nachbarhaus auch Manuela heißt und ebenfalls 10 Jahre alt ist und nach den Sommerferien in die gleiche Schule gehen wird.

Manuela und Manuela werden dicke Freundinnen. Zur leichteren Unterscheidung nennt sich die eine Manuela (meine spätere Mama) Manu und ihre Freundin nennt sich Ela. Bis zum Abitur sind sie unzertrennlich, fast so als ob sie Zwillinge wären...nur Manu ist blond und Ela schwarzhaarig. Manu liebt die Zahlen und Ela die Worte.

Nach dem Abi will also Manu etwas mit Zahlen und Ela etwas mit Worten machen. Manu beginnt eine Ausbildung im Steuerbüro, und Ela studiert Journalismus und geht in die weite Welt und schreibt verschiedene Reportagen. Manu lernt

Tom kennen, einen Jungen aus dem Dorf. Wegen des Berufs des Vaters ziehen Manus Eltern in die Nähe von München. Manu und Tom heiraten und Tom zieht mit in das Haus von Manus Eltern ein.

Elas Vater ist sehr früh gestorben und ihr älterer Bruder ist auch schon ausgezogen, so dass Tante Mia – Elas Mutter – ganz allein dort wohnt. Manu und Tom bekommen drei Kinder. Ich bin Linus, 8 Jahre alt und der mittlere von uns Dreien. Meine Schwester Ina ist 14 und Nele ist 4 Jahre.

Mama Manu und Ela haben immer noch Kontakt und zwei bis dreimal im Jahr kommt sie zu Besuch zu ihrer Mutter Mia. Daher kennen wir sie auch ganz gut. Ela hat keine Kinder. Sie reist so viel in der Welt herum, dass „sie keine Zeit für Kinder hat", das sagt sie immer.

Es ist an einem schönen Sommertag, als etwas Schreckliches passiert. Papa sitzt auf dem Dach des Geräteschuppens und braucht noch mehr Nägel, die Mama ihm aus dem Haus holen soll. Die Zeit vergeht und Mama kommt und kommt nicht wieder. Papa meint: „Sie telefoniert bestimmt. Linus, geh du bitte rein und hol mir die Nägel."

Ich gehe ins Haus und irgendwie habe ich ein eigenartiges Gefühl. Ich rufe Mama, weil ich sie gar nicht telefonieren höre. Sie antwortete nicht. Ich laufe durchs Haus und finde sie auf meinem

Bett liegend. Sie lächelte mich an. Ich sage: „Mama, Papa wartet auf die Nägel."

Sie reagiert nicht. Ich gehe zu ihr hin. Aber sie regt sich nicht. Ich laufe aus dem Haus und hole Papa. Er geht zu Mama, aber auch bei ihm regt sie sich nicht. Er läuft zum Telefon und kurze Zeit später kommt der Krankenwagen. Sie nehmen Mama mit.

Zwischenzeitlich kommt Tante Mia und Papa bittet sie auf uns aufzupassen. Tante Mia bleibt die ganze Zeit bei uns und bringt uns auch zu Bett.

Am nächsten Morgen kommt Papa ohne Mama zurück und sagt, dass wir uns von Mama verabschieden fahren müssen. „Verabschieden?" frage ich. Papa erklärt uns, dass Mama gestorben sei. „Gestorben, Papa, damit scherzt man nicht!" sage ich. „Linus, ich scherze nicht", sagt er mit Tränen in den Augen.

Ina wird kreidebleich und Nele weint bitterlich. Nele weint, weil sie uns alle so traurig sieht. Sie kann das alles noch gar nicht verstehen. Tante Mia nimmt sie in den Arm und beruhigt sie. Wir fahren ins Krankenhaus. Tante Mia kommt auch mit.

Ich kann mich gar nicht mehr so genau an die Zeit bis zur Beerdigung erinnern. Es ist alles so unwahr, so undeutlich, so unwirklich. Mamas Eltern, Tante Mia und Mamas beste Freundin Ela kommen zur Beerdigung. Sie bleiben auch noch ein paar Wochen bei uns.

Irgendwann müssen Oma und Opa wieder fahren. Auch Ela muss wieder weg. Papa muss auch wieder arbeiten. Tante Mia ist für uns da. Sie kümmert sich sehr um uns, aber Mama fehlt überall. Nele will nur noch bei mir im Bett schlafen und weicht Tante Mia nicht mehr von der Seite. Sie ist nicht mehr der fröhliche Mittelpunkt unserer Familie.

Sind wir noch eine Familie ohne Mama? Ela kommt ein paar Wochen später und sagt: „Manu war meine beste Freundin und sie hätte auch alles für mich getan, wenn ich Hilfe bräuchte. Ich glaube, dass Manu jetzt meine Hilfe braucht, denn als Engel kann sie euch keine Brote schmieren, keine Schuhbänder zu machen und euch nicht in den Arm nehmen, wenn ihr traurig seid, oder sich mit euch freuen."

Von dem Tag ist Ela für uns da. Wir haben Ela in unser Herz geschlossen, so wie sie uns in ihr Herz geschlossen hat. Auch Papa mag Ela sehr gern. Natürlich werden wir Mama nie vergessen.

Ist Mama Manu ein Engel?
Ist Ela ein Engel?
Oder ist ManuEla unser Engel?

Wo ist der Himmel?

Frank, der Vater von Nele und Kalle, ist vor wenigen Wochen gestorben. Er war unheilbar krank. Kein Arzt konnte ihm mehr helfen. Nele schaut aus dem Fenster. Sie ist vor ein paar Tagen 6 Jahre geworden. Der erste Geburtstag ohne Papa. „Papa, wo bist du?" ruft sie leise. Sie ist unendlich traurig.

Aber niemand antwortet ihr. Sie ruft lauter und immer lauter: „Papa, Papa ..." Ihr Rufen geht in ein Schluchzen über, salzige Tränen laufen ihr die Wangen hinunter. Kalle kommt und nimmt sie in den Arm. Er hält sie fest und tröstet sie.

Kalle ist ihr großer Bruder, er ist schon 16 Jahre und fährt schon Moped.

Nele denkt: Wie Papa, der hat mich auch getröstet, wenn ich traurig war. Tränen kullern ihr die Wangen hinab. Nele ist aber auch glücklich, dass Kalle jetzt bei ihr ist. Er fragt: „Was ist los, Mäuschen?" So hat Papa sie auch genannt. „Mir fehlt Papa so sehr. Ich will, dass er bei mir ist."

„Ich verstehe dich sehr gut. Auch ich möchte, dass er bei mir ist. Nele, du weißt, dass Papa gestorben ist und dass wir seinen kranken, toten Körper beerdigt haben. Seine Seele, das was wir an ihm so sehr geliebt haben: seine Art uns zum Lachen zu bringen, das Spielen, das Trösten, das Erklären – das alles ist nicht begraben. Seine Seele ist im Himmel."

„Kalle, wo ist Papa im Himmel? Jeden Tag schaue ich in den Himmel und ich kann ihn dort nicht sehen."

„Der Himmel ist in unserem Herzen."
sagt Kalle. „Das verstehe ich nicht, Kalle.
Wie soll der Himmel in mein Herz
passen. Nein, das geht nicht, das glaube
ich nicht."

„Ich versuche es dir zu erklären:
Schließe bitte deine Augen und stell dir
vor, dass es ein schöner, warmer Sommertag ist. Du spielst im Garten in der Sand-
kiste. Da kommt Papa mit dem Wasserschlauch und ruft: „Ich muss doch noch

die Blumen gießen." Du weißt genau, was jetzt kommt; Papa will nicht nur die Blumen gießen, sondern dich nass spritzen. Du läufst weg. Papa rennt hinter dir her und ihr habt viel Spaß. Ihr lacht und albert rum."

„Kalle, das war immer sehr schön…Papa konnte immer so viel Quatsch machen. Ich vermisse ihn unendlich." Tränen kullern ihr die Wangen herunter. „Nele, mache bitte die Augen zu und denke an das, was ich dir gerade erzählt habe. Was siehst du?" „Ich sehe Papa, wie er mit dem Wasserschlauch hinter mir herläuft." Nele strahlt und sagt: „Kalle, ich weiß, wenn ich die Augen schließe, sehe ich Papa und habe ihn immer ganz nah bei mir."

„Alle Erinnerungen an Papa sind in deinem Herzen, also ist er immer in deinem Herzen." Nele: „Kalle, es ist schön, dass du mir das erklärt hast." Nele ist zufrieden und spielt mit ihren Puppen. Sie erklärt ihnen, dass sie nicht traurig sein müssen, da Papa ja in Neles Herz sei.

Ein paar Tage später möchte Nele, dass Kalle sie ins Bett bringt. Nein, sie möchte keine Geschichte vorgelesen bekommen. „ Kalle, warum hat Mama mich nicht mitgenommen? Mama ist so gemein."- „Wohin mitgenommen?" möchte Kalle wissen. „Mama hatte versprochen, dass ich immer mit ihr ins Hospiz zu Papa fahren darf und sie hat mich nicht mitgenommen und dann, dann war Papa tot."

„Nele, du weißt doch, dass Papa sehr krank war. Mama hat dir doch gesagt, dass er bald sterben wird." „Ja, ja, das weiß ich, aber ich wollte bei Papa bleiben. Ich habe es Papa verspochen, dass ich ihn immer lieb habe und bei ihm bin."

„Mama wusste, dass Papa an dem Tag sterben würde. Die Schwester im Hospiz hatte ihr das gesagt. Mama wollte sich von Papa verabschieden und sie wollte nicht, dass du siehst, wie unendlich traurig und hilflos sie ist. Sie wollte nicht, dass Papa noch mehr leiden musste, weil er nicht bei dir bleiben kann. Nicht sehen kann, wie du in die

Schule kommst, dich nicht mehr trösten kann, wenn du traurig bist. Papa war schon so schwach, dass er kaum noch sprechen konnte. Sprich mit Mama, denn sie ist genau so traurig wie du und ich."

Nele schläft ein. Sie träumt von Papa. Am nächsten Morgen setzt sich Nele an ihren Tisch und malt ein großes Herz auf das Papier - sie malt Wolken hinein -und sie malt Papa hinein. Sie geht zur Mama, nimmt sie in den Arm und sagt: „Mama, du musst nicht traurig sein, denn Papa ist auch in deinem Herzen. Ich bin auch nicht mehr wütend auf dich, dass du mich nicht mitgenommen hast."

Mama weint und sagt: „Ich bin glücklich, dass ich euch beide habe."

Der letzte Blick

Papa war schwerkrank.

Wir wussten, dass er bald sterben würde. Wir, das sind Mama, Helena, Hannah und ich.

Helena und Hannah sind Zwillinge und schon 14 Jahre und ich, Moritz, bin 6 Jahre alt.

Papa hat immer gesagt: „Wir beiden Männer müssen zusammenhalten, gegen unsere drei Frauen." Meine Schwestern nennen mich immer Momo. Na gut, sie dürfen es. Da sie beide gleich aussehen, habe ich sie als kleines Kind immer HeHa genannt. Jetzt kann ich sie natürlich auseinanderhalten. Helena hat eine kleine Zahnlücke.

Papa ist gestorben.

Es kommen viele Menschen zu uns und sagen zur Mama: „Es tut uns so leid, er war ja noch so jung. Wir wünschen Ihnen viel Kraft in dieser schweren Zeit." Sie geben ihr die Hand, manche nehmen sie auch in den Arm. Dann streicheln sie mir durch die Haare und sagen: „Armer kleiner Junge." Dabei wünschen wir uns keine Kraft, sondern wir wünschen uns, dass Papa jetzt hier wäre. Helena und Hannah sind in ihrem Zimmer. Sie sind traurig und weinen viel.

Papa ist tot.

Ich bin so traurig.
Ich bin so wütend auf mich.

Papa wird beerdigt.

Mama fragt mich, ob ich zur Beerdigung mitgehen möchte. Sie sagt, dass es sehr lange dauern wird. Wir werden erst in die Kirche gehen und dann auf den Friedhof. Natürlich will ich auch mit. Helena hilft mir beim Anziehen. Ich fühle mich nicht wohl in dem dunklen Pulli. Helena sagt: „Das muss sein." Hannah ist bei Mama, die nur weint.

Wir gehen in die Kirche. Es sind viele Menschen gekommen. Papa war Feuerwehrmann.

Ein Feuerwehrmann redet über Papa. „Ralf war ein lieber Mensch...“ Warum hat Papa mich dann letztes Mal so böse angeschaut?

Feuerwehrmänner tragen Papas Sarg, und dann wird er in das Erdloch hinuntergelassen.

Helena und Hannah haben mich in ihre Mitte genommen. Oma und Opa haben Mama in ihrer Mitte genommen. Der Pfarrer sagt auch, dass Papa ein lieber Mann und Vater war. „Was habe ich falsch gemacht? Warum war er böse auf mich?" frage ich mich währenddessen.

Es ist alles vorbei.

Wir müssen wieder zur Schule. Alle fragen, alle sind lieb zu mir. „Warum war Papa nicht ein letztes Mal lieb zu mir?" denke ich immer und immer wieder. Ich will nicht mehr zur Schule... ich habe keinen Papa mehr... alle haben einen Papa...

Ich bin so traurig.

Mama möchte mit mir in eine Kinder-gruppe gehen, wo es auch andere Kinder gibt, die einen lieben Menschen verloren haben. „Ich bin nicht allein ohne Papa auf dieser Welt." Die anderen Kinder sind lieb und ich finde es schön hier. Wir sitzen in der Runde und jeder hat ein Erinnerungsstück von dem Verstorbenen. Ich auch. Papa hat mir ein grünes kleines

Auto geschenkt. Es war an einem Tag, an dem nur wir beide zusammen in der Stadt waren. Das war ein so schöner Tag.

Alle erzählen etwas.

Ich bin dran und sage: „Mein Papa hat mich beim letzten Mal böse angeschaut. Ich habe nichts gemacht. Helena und Hannah waren auch da. Sie haben Papa einen Kuss gegeben und tschüss gesagt. Papa hat zu ihnen gesagt: „Ich habe euch immer lieb." Ich bin dann zu Papa gegangen und habe ihn gedrückt und habe ihm auch einen Kuss gegeben. Er hat nichts gesagt, nur böse geschaut. Dann sind wir Kinder aus dem Zimmer gegangen. Mama kam später und sagte: *Papa ist einge-schlafen.*" Es ist raus... ich fühle mich erleichtert…

Lena, eine der Begleiterinnen sagt: „Moritz, dein Papa hat dich lieb. Er hatte sicher solche Schmerzen, dass er nichts mehr sagen konnte." Zu den anderen

sagte sie: „Macht mal alle bitte ein Gesicht, als wenn ihr ganz große
Schmerzen habt."

„Ja, ja!", rufe ich ganz laut „Ja, so hat Papa ausgesehen!"

Als Mama mich abholt, erzähle ich ihr
alles. Sie fing an zu weinen und sagt:
„Moritz, du warst Papas Sonnenschein

und er hatte wirklich sehr große Schmerzen."

Papa, ich hab dich so lieb!

Das Stelzenhaus

Unser Papa ist tot.

Papa ist vor 2 Monaten gestorben, genauer gesagt vor 59 Tagen. Es war ein Freitag im Januar, es war sehr kalt an diesem Tag. Die Sonne schien und der Himmel war blau. Es war nachmittags, aber es wurde schon dunkel.

Wir, das bin ich, Mika -10 Jahre alt, und mein Bruder Leon – 8 Jahre alt, Mama und die Eltern von Papa, waren dabei, als Papa gestorben ist. Er war nicht allein.

Ich möchte euch etwas über unseren Papa erzählen. Vielleicht reicht es auch, wenn ich schreibe, was Mama immer lachend gefragt hat: „Habe ich eigentlich drei Jungs oder einen Vater mit zwei Söhnen?"

Wir haben in der Küche eine Tafel, auf der immer steht, welche Aufgaben noch zu erledigen sind, wie z.B. Rasen mähen, Zaun streichen usw. Papa sagte, wenn der Rasen gemäht werden musste: „Liebste Lucie (so heißt unsere Mama), den Rasen stört es nicht, wenn er erst morgen gemäht wird, denn es gibt heute Wichtigeres." Mama fragte: „Was denn?" Und Papa antwortete: „Ich möchte jetzt viel lieber mit den Jungs Fußball spielen, denn wir sollten doch, wenn möglich, immer das tun können, worauf wir jetzt Lust haben." Mama wollte unsere Meinung hören, aber die kannte sie schon längst. „Fußball spielen mit Papa!" riefen wir dann wie aus einem Mund.

Wir wollten im letzten Sommer in Papas Urlaub ein neues Gartenhaus für die Gartengeräte bauen. Wir, das sind Papa, Leon und ich. Wir zeichneten auf, wie es aussehen sollte. Plötzlich meinte Papa: „Wäre es nicht schöner, jetzt ein Stelzenhaus zu bauen?"

„Natürlich!" Voller Eifer malten wir ein Stelzenhaus auf, so wie wir uns das vorstellten. Wir holten das Material und in den nächsten Tagen bauten wir mit sehr viel Spaß. Mama kam ab und zu mal raus, brachte uns Brote und sagte: „Ich kann mir das immer noch nicht vorstellen, wie daraus ein Gartenhaus werden soll:" Wir drei riefen dann: „Du wirst schon sehen."

Wir sagten Mama, dass wir ein Richtfest feiern wollten und sie möchte doch schon mal alles vorbereiten. Es kämen auch ein paar Nachbarn.

Die Nachbarn waren eingeweiht und kamen und halfen beim Aufstellen des Stelzenhauses. Mama schaute nur verdutzt und sagte: „Ich habe doch wirklich drei Jungs!" Es war ein schöner Sommertag mit den Nachbarn und den anderen Kindern.

So war Papa.

Papa hatte schon öfter mal Kopfschmerzen, aber in diesem Sommer und Herbst wurde es immer schlimmer. Endlich ging er zum Arzt. Gehirntumor!

Der Tumor saß an einer Stelle, die sehr schlecht operiert werden konnte, dazu war er schon sehr groß und die Risiken sehr hoch. Papa könnte bei der Operation sterben, aber auf jeden Fall würde er nicht mehr der Papa sein, den wir jetzt hatten. Die Chancen, dass er die OP überlebte, waren minimal. Die Ärzte gaben ihm kaum Hoffnung.

Papa entschied sich dafür, die letzten Wochen mit uns zu verbringen. Wir haben vieles gemeinsam gemacht und viele schöne Erinnerungen an diese Zeit. Als er dann starb, waren wir alle bei ihm.

Ich ging seit ein paar Wochen in eine Trauergruppe für Kinder. Leon wollte bisher nicht mit. Er war ständig in Mamas Nähe. Nachts kam er zu mir ins Bett, weil er nicht allein sein mochte.

Gestern kam Leon doch mit, da ich ihm gesagt hatte, wie gerne ich in diese Gruppe gehe und dass alle Kinder lieb zueinander sind und ich in seiner Nähe bin. Das Thema war: „Was hätte ich meinem lieben Verstorbenen noch gerne gesagt oder was hätte ich ihn noch gerne gefragt." Anschließend konnte jeder, der wollte, seine Frage vorlesen.

So kannte ich Leon gar nicht, er las seinen Zettel vor!

„Papa, warum hast du dich nicht operieren lassen, denn dann wärst du jetzt noch bei uns." Ich erklärte es Leon, denn in seiner Trauer hatte er vergessen, dass Papa keine andere Wahl hatte. Von da an wurde Leon wieder fröhlicher und wir gehen weiterhin gemeinsam zur Gruppenstunde.

Das unbeschreibliche Gefühl von Freiheit

Momo ist 13 Jahre und kann es kaum abwarten, dass er mit 14 Jahren mit dem Flugschein anfangen kann. Er ist schon ein paar Mal mit Papa mitgeflogen. Ich bin einmal mitgeflogen und möchte es auch nicht noch einmal.

Auch wenn mir Papa und Momo immer vorschwärmen, wie toll das ist, *das unbeschreibliche Gefühl, vom Aufwind nach oben getragen zu werden und diese Freiheit dort oben zu genießen.*

Ich bin lieber am Boden und schaue Sisypha beim Arbeiten zu. Ach, ihr wisst nicht, wer wir sind: Sisypha ist eine Ameise und ich bin Conny. Das ist die Abkürzung von Conrad. Ich bin 10 Jahre alt und gehe in die 5. Klasse.

Papa liebt das Segelfliegen, und sobald das Wetter es zulässt, sind wir drei Sonntag für Sonntag auf dem Flugplatz. Ihr hört bestimmt meine Begeisterung… ich finde es so schrecklich, immer mitkommen zu müssen.

Mama geht auch nicht mit, warum muss ich mit? Ja, weil wir mit Papa die Zeit verbringen sollen, da er in der Woche so viel arbeitet.

Hahaha, mit Papa Zeit verbringen!

Wenn Momo nicht mitfliegt, dann ist er in den Hallen bei den anderen Segelfliegern. Er fühlt sich hier „sauwohl".

Es ist Sonntag, das Wetter ist gut… ihr wisst schon, was jetzt kommt: Papa ruft: „Jungs, einsteigen, es geht los." - „Ich habe Kopfschmerzen, mir geht es nicht gut", jammere ich. Mama antwortet: „Conny, gerade dann tut die frische Luft dir gut." Es ist zwecklos, ich habe keine Chance, ich muss mit.

Auf dem Flugplatz angekommen, verschwinden Papa und Momo schon in den Hallen. Kurze Zeit später kommt Papa und sagt: „Conny, ich bleibe nicht lange in der Luft, Momo ist hinten in den

Hallen. Im Rucksack ist Cola und etwas zu Essen. Habt viel Spaß. Bis später."

„Ja, ja" ist das einzige, was ich gequält herausbekomme.

VIEL SPASS...MIT WEM? Ich will hier nicht sein - nie wieder.

Hier gibt es keine Kinder, hier gibt es eine kleine Wiese mit ein paar Bänken. Manchmal kommen Wanderer hier vorbei, die dann Pause machen. Sonst nichts.

Schon wieder so ein langweiliger Sonntag. Montag schreiben wir einen Englischtest, dafür könnte ich jetzt lernen. Das Buch habe ich eingepackt. Aber ich habe keine Lust. Ich schaue mal, ob Sisypha da ist.

Natürlich kann ich die Ameisen nicht auseinander halten. Ihnen bei der Arbeit zuzuschauen, lenkt mich von meinem langweiligen Sonntag ab. Ich würde jetzt viel lieber mit meinem Freund Timo spielen.

Mir ist so langweilig. Warum regnet es nicht, dann müsste Papa sofort zurückkommen, weil dann die Thermik und damit der notwendige Auftrieb fehlen, und wir würden nach Hause fahren. Der Himmel ist aber unverschämt blau, andere würden sagen, er ist wunderschön blau.

Momo kommt ölverschmiert und fragt, ob ich nicht mit in die Hallen kommen möchte, ein wenig schrauben. Er kann das, ich nicht und ich will es nicht können. Wir essen noch gemeinsam ein Brot aus dem Rucksack und dann verschwindet er wieder.

Mittlerweile kann ich sogar schon alle Vokabeln auswendig, weil ich mir schließlich doch das Englischbuch hervorgeholt habe. Eigentlich müsste Papa bald am Himmel zu sehen sein.

Aber nein, sein Flieger ist noch nirgends zu sehen.

Ich bin wohl ein wenig eingedöst. Momo und ein paar von den anderen Fliegern stehen um mich herum.

Sie sehen sehr betroffen aus. Irgendetwas stimmt nicht.

Momo kniet sich neben mich in die Wiese und sagt mit Tränen in den Augen: „Papa hat einen Unfall gehabt." „Wie Unfall?" frage ich. Uwe, einer der Flieger, kommt und nimmt uns beide an die Hand und sagt: „Ich bringe euch jetzt zu eurer Mutter." Wir folgen ihm schweigend. Ich versteh immer noch nicht genau, was passiert ist. Mama kommt uns weinend entgegen. Sie nimmt uns beide in die Arme und weint hemmungslos. Uwe kommt noch mit und fragt, ob er noch etwas für uns tun könne.

Papa ist abgestürzt. Papa ist tot. Papa wird beerdigt.

Oma und Opa sind jetzt erst einmal bei uns.

Ich gehe zu Oma, weil ich sonst platze. Mein Kopf brummt und ich muss immerzu weinen: „Was habe ich getan? Ich habe mir gewünscht, nie wieder auf den Flugplatz zu müssen. Ja, da müssen wir jetzt auch nicht mehr hin. Ich habe doch nicht gewollt, dass Papa etwas passiert. Ich wollte das nicht. Bitte Oma, glaub mir das!"

„Conny, du bist doch nicht schuld am Tod von deinem Papa. Es waren die Folgen des Unfalls und nicht deine Gedanken, die zu seinem Tod geführt haben." sagt Oma.

Es ist nichts mehr wie es war. Wir sind alle so unendlich traurig. Oma sagt, dass sie zu einer Trauergruppe geht, denn auch sie vermisst ihren Sohn, unseren Vater, so sehr. Mama erkundigt sich, ob es dort auch etwas für Kinder gibt. Oma geht mit Momo und mir dorthin.

Die anderen Kinder haben auch einen lieben Menschen verloren, um den sie trauern. Wir besprechen dort, wie wir mit dieser Trauer umgehen können. Wir können z.B. unsere Wut laut herausschreien oder einen Brief an den Verstorbenen schreiben. Nach jeder Stunde wird der Kloß im Bauch ein klein wenig leichter.

Papa, ich wünsche dir, dass du als Engel das unbeschreibliche Gefühl hast, vom Aufwind nach oben getragen zu werden und diese Freiheit dort oben genießen kannst. Ich hab dich lieb und vergesse dich nie.

Bin ich Bruder oder war ich nur Bruder?

„Chris, aufstehen...der Kindergarten wartet", ruft Mama. „Warum wartet der Kindergarten? Auf mich? Ich will da nicht hin." Dachte ich. Ich bin Chris, manchmal auch Christian, und bin vor ein paar Tagen 6 Jahre geworden.

Mama kommt die Treppe rauf. Ich ziehe mir die Bettdecke über den Kopf, dann sieht sie mich nicht. Sie schleicht sich heran...ich höre sie...ihre Hände greifen unter die Decke, sie kitzelt mich aus. Ja, ich liebe es, wenn Mama mich auskitzelt, aber ich will nicht in den Kindergarten.

„Mama, ich habe Bauchweh", stöhne ich. „Christian, wo tut es denn weh?" fragt sie. Ich zeige auf den Bauch, denn Bauchweh hat man im Bauch und nicht im großen Zeh. Eltern wissen manchmal nichts, sie wissen auch nicht, warum ich nicht in den Kindergarten will. Mama lässt nicht locker, also gehe ich in den Kindergarten.

Einerseits freue ich mich ja auch, mit den anderen Kindern zu spielen, wenn da nicht immer diese Fragen von Sofia kommen würden. „Hast du heute ein Bild von deiner kleinen Schwester mit?" oder diese: „Holt deine Mama dich mit deiner kleinen Schwester ab?"

Nein, ich habe kein Bild und meine Mutter holt mich auch nicht mit meiner kleinen Schwester ab. Sofia zeigt mir wieder ein neues Bild von ihrer kleinen Schwester Amelie. Amelie sieht niedlich aus mit runden roten Bäckchen. Ich muss jetzt weg…ich renne zur Toilette. Kathi, unsere Erzieherin, kommt hinterher gelaufen.

„Chris, ist alles ok?" fragt sie besorgt. „Ich habe nur Bauchweh, bin gleich wieder da", antworte ich. Nein, ich habe kein Bauchweh, aber ich muss weinen.

Warum? Weil meine Mutter mich nie mit meiner Schwester abholen kann. Meine Schwester ist tot.

Tot…tot…tot. Meine Schwester ist ein Engel. Sie hieß Angel. Angel ist Englisch und heißt Engel. Ich muss nur noch bis zum Sommer in den Kindergarten, dann bin ich Sofia los, dann gehe ich in die Schule. Dort gibt es keine Sofia, die mich immer fragt und die mich damit zum Weinen bringt.

„Warum musste Angel sterben?" rufe ich laut und verzweifelt. Kathi kommt und fragt: „Chris, ist alles okay bei dir?"- „Nein, nichts ist okay", antworte ich. Ich mag Kathi. Sie ist immer sehr lieb zu mir und sie hört mir auch zu. Kathi: „Chris, möchtest du mit mir alleine sprechen?" Ich überlege eine Weile „Ja, aber du musst versprechen, dass du es niemanden erzählst. „Versprochen, großes Indianer-ehrenwort", erwidert Kathi. Ich vertraue ihr.

Wir gehen in das Kindergartenbüro und setzen uns auf das blaue Sofa. „Was möchtest du mir denn nun sagen?" fragt sie wieder. „Ich bin kein Bruder", sage ich unter Tränen. Kathi schaut mich verständnislos an. „Erzähl bitte weiter!" fordert sie mich auf. Ich erzähle ihr nun alles:

„Als Mama und Papa mir sagten, dass ich bald ein Geschwisterchen bekommen würde, freute ich mich schon auf ein Brüderchen, denn Mädchen sind doof. Papa erklärte mir, dass man sich das nicht aussuchen könnte, wie in einem Kaufhaus, sondern nehmen muss, was kommt. Naja, so toll fand ich das jetzt nicht, aber okay.

Mamas Bauch wurde immer dicker und das Baby strampelte schon. Ich habe es sogar gespürt, als ich mit dem Ohr auf Mamas Bauch lag. Ich fragte das Baby gerade, ob es wirklich ein Mädchen werden wollte. Sunny nannten Mama und Papa das Baby in Mamas Bauch."

Meine Tränen wollten raus, es tat alles so weh. Kathi nahm mich in die Arme. Es tat gut und ich konnte weiter erzählen:

"Mama musste ins Krankenhaus. Sunny wollte auf die Welt. Oma und Opa holten mich ab. Am nächsten Morgen holte mich Papa ab und sagte: "Angel ist geboren." Ich verstand nicht, warum Sunny jetzt Angel hieß. Er zeigte mir meine kleine Schwester auf seinem Handy. Sie sah süß aus und sie schaute mich an. Sie hatte schwarze Augen und ich dachte: "Schön, dass du da bist, auch wenn du ein Mädchen bist."

Am Abend nahm mich Papa in den Arm und sagte: "Angel ist sehr krank und sie wird nicht lange leben." "Warum wird sie nicht lange leben?" fragte ich. Papa fing an zu weinen und sagte: "Sunny ist krank. Sie wird bald ein Engel sein." Ich durfte Angel am nächsten Tag noch einmal auf den Arm nehmen und dann ist sie in Mamas Arm "eingeschlafen".

"Eingeschlafen…sie ist tot!" schrei ich laut. "Und ich, ich bin schuld!" "Wieso bist du Schuld, Chris?" fragt Kathi. "Weil ich mir einen Bruder gewünscht habe." Kathi fängt auch an zu weinen. Wir weinen beide. Sie nimmt mich ganz fest in ihre Arme und sagt: "Nein, Chris du bist nicht schuld. Deine Schwester war sehr krank und deshalb wollte sie wieder zurück in den Himmel."

"Aber Angel ist nicht im Himmel. Sie ist in einer kleinen weißen Kiste auf dem Friedhof", erkläre ich Kathi. "Chris, der kleine kranke Körper von Angel ist im weißen Sarg, aber ihre Seele ist im Himmel. Möchtest du, dass wir das mit deiner kleine Schwester den anderen Kindern erzählen?" „Ich weiß nicht", antworte ich. „Lieber erst morgen."

Am nächsten Morgen im Stuhlkreis zeige ich allen Kindern das Bild von Angel, das Mama mir mitgegeben hat, und Kathi erzählt von Angel. Sofia weint und nimmt mich in den Arm und sagt: „Sei nicht traurig. Angel schaut bestimmt vom Himmel zu und freut sich, dass sie einen so tollen großen Bruder hat."

Das Land ohne Streit

Unsere Familie besteht aus Mama, Papa, Lily, Leo und mir.

Ich bin Louisa, 7 Jahre alt und gehe in die erste Klasse, und Mama nennt mich manchmal „Spargel-Louisa". „Du bist so dünn, bald sehen wir dich gar nicht mehr!" Ich esse nicht gerne, nur wenn Leo etwas für mich macht.

Lily ist 19 Jahre und erwachsen. Mama sagt immer: „Lily, du bist doch schon erwachsen und kannst deine Wäsche selber bügeln." Lily zieht dann immer ein grimmiges Gesicht, worauf Mama dann sagt: „Lily, das gibt Falten." Und dann lachen die beiden und kriegen sich kaum wieder ein.

Leo ist 18 Jahre und tot.

Leo war nicht nur mein großer Bruder. Er war mein Freund. Ich habe ihm von Tim erzählt, der in meine Klasse geht und den ich total toll finde. Da war Leo mein Freund. Er hätte es niemanden verraten. Er war mein Spielkamerad. Wir haben mit Lego gespielt. Wir haben mit dem Puppenhaus gespielt. Leo hat alles mitgemacht. Leo wollte Koch werden und dann ein eigenes Restaurant haben. Er hat vieles ausprobiert, damit ich Spaß am Essen habe.

Er fragte mich immer „Louisa, was möchtest du essen?" Ich antwortete dann: „Gestern hatte ich einen Clown und heute möchte ich einen Regenwurm essen." Er zauberte dann aus Würstchen, Kartoffelbrei und Möhren einen Regenwurm, der gerade aus dem Kartoffelbrei krabbelt.

Leo, ich vermisse dich so sehr.

Am letzten Abend hat Leo mir noch eine Geschichte vorgelesen. Jedenfalls hat er so getan, als wenn er vorliest. Ich glaube, er hat die Geschichte einfach nur erfunden. Denn die Geschichten aus dem Buch kannte ich alle schon.

Es war eine schöne Geschichte. Es war eine Geschichte von einem Land, in dem es keinen Streit gab. Alle waren lieb zueinander. Und wenn es einem nicht so gut ging, konnte er einfach jemand anderen fragen, ob er ihn mal in den Arm nimmt. Es musste dort sehr schön sein.

Leo und Lily wollen heute noch gemeinsam zu einem Hüttenfest vom Sportverein. Lily tanzt und Leo ist Judoka. Lily hat aber Kopfschmerzen und will zu Hause bleiben. Papa bringt Leo zu dieser Hütte und sagt: „Hab viel Spaß und ruf an, wenn du abgeholt werden willst." „Das mache ich", verspricht Leo.

Leo lernt auf der Feier Sofia kennen und ist glücklich, sagen seine Freunde später.

Leo will nach Haus. Er ruft Papa an und verabredet sich mit ihm unten am Hang. Die Hütte liegt mitten im Wald und mit dem Auto muss man einen großen Umweg fahren. Zu Fuß braucht man nur den Hang hinunterlaufen und Papa kann ihn da „einsammeln". Das haben sie im letzten Jahr auch so gemacht.

Leo muss in einer Baumwurzel hängengeblieben und den Hang hinuntergestürzt sein. Er ist mit dem Kopf auf die Straße aufgeschlagen.

Als Papa an der verabredeten Stelle ankommt, sieht er schon einen Krankenwagen. Er weiß sofort, dass das kein gutes Zeichen ist. Er läuft dorthin und sieht Leo auf der Trage liegen. Sie wollen gerade losfahren, deshalb fährt Papa hinter dem Krankwagen her.

Es klingelt an der Tür. Ich werde wach. Ich höre, wie Mama zur Tür geht. Ich höre wie Mama laut schreit. Was ist passiert? Ich traue mich nicht aus meinem Zimmer. Ich verstecke mich unter der Decke. „Mama, Papa!" rufe ich lautlos. Mama hat mich doch gehört. Sie kommt in mein Zimmer, nimmt mich in die Arme und weint. Lily kommt jetzt auch.

Mama sagt kein Wort. Wir schauen sie nur fragend an. Mama sagt: „Lily, Louisa"… Mama kann kaum weitersprechen. „Lily, Louisa, die Polizei war gerade da und hat gesagt, dass Leo einen Unfall hatte. Papa ist bei ihm. Bleib bitte mit Lily hier. Ich muss ins Krankenhaus." Ich bin müde, mein Kopf brummt. Lily legt sich zu mir ins Bett und wir schlafen ein.

Am nächsten Morgen ist nichts mehr so wie es war.

„Leo ist heute Nacht gestorben" sagt Papa mit einem traurigen Gesicht. Ich will das nicht hören. „Nein, das geht nicht. Leo würde mich nie allein lassen!" schreie ich. In der Zeit bis zur Beerdigung fühle ich mich wie betäubt. Es ist alles so unecht. Ich träume bestimmt einen schlechten Traum, aber ich kann nicht aus diesem Traum aufwachen.

„Mama, ich träume so schlecht. Bitte lass mich aufwachen!" rufe ich. Mama weint und kann unter Tränen nur sagen: „Nein, Louisa, es ist kein böser Traum, es ist die Wirklichkeit."

Heute ist Leos Beerdigung.

Leos Asche wird in die Erde gelassen. Seine Freunde und Sofia stehen am Grab und weinen. Ich vermisse ihn so sehr. Ich will in Leos Zimmer schlafen. Hier ist noch sein Geruch. Hier ist noch sein Lachen. Mama fragt: „Soll ich heute Nacht bei dir bleiben?" „Nein, Mama, Leo ist immer bei mir. Ich habe alle Erinnerungen an ihn in meinem Herzen. Leo passt immer auf mich auf."

Ich werde Leo nie vergessen, und ich werde seine letzte Geschichte nie vergessen.

Louisa will nichts mehr essen. Sie will, dass Leo ihr etwas zubereitet. Louisa weiß, dass Leo nicht mehr da ist, aber sie kann es nicht akzeptieren. „Vielleicht kommt er ja wieder zurück, wenn er sieht, dass ich nichts essen kann", denkt Louisa.

Louisas Eltern sind verzweifelt und wenden sich an einen Verein für Trauerbegleitung. Sebastian übernimmt die Einzelbegleitung von Louisa. Sebastian ist ein junger Mann. Louisa mag ihn. Sie spielen miteinander und unternehmen Ausflüge zum See – natürlich mit Picknickkorb.

Louisa und Sebastian kochen auch gemeinsam. Louisa vermisst Leo immer noch sehr, aber sie isst wieder. Louisa erzählt Sebastian manchmal Leos letzte Geschichte, das hilft ihr, Leo nicht so sehr zu vermissen.

Der Engel und die Reise zum herrlichen NICHTS

Wir wohnen in einem kleinen Dorf in Westfalen. Die meisten Menschen sind hier katholisch, wenige sind evangelisch und unsere Familie hat gar keinen Glauben. Was sind wir dann? Heiden? Ungläubige? Ich weiß nicht, wie wir uns nennen. Atheisten?

Die Weihnachtsferien gehen langsam zu Ende. Ich, Josie, bin in der dritten Klasse. Alle Kinder – außer mir und Mira – freuen sich auf das neue Jahr.

Warum? In diesem Jahr gehen alle zur 1. Heiligen Kommunion. Die Mädchen ziehen weiße Kleider und die Jungen Anzüge an, und es wird ein großes Fest gefeiert. Sie reden davon, was sie mit dem vielen Geld, das sie geschenkt bekommen, machen wollen. Nina will sich dann ein neues cooles Fahrrad kaufen, Tim ein Skateboard.

Ja, wenn man katholisch ist, dann ist das so. Mira sagt: „Ich werde mit 14 Jahren konfirmiert und dann ist es genauso." Und was ist mit mir? Kein

Glauben, kein weißes Kleid. Das ist gemein.

„Oma, warum habe ich keinen Glauben? Warum darf ich nicht zur Kommunion gehen? Warum darf ich die Gruppenstunden mit den anderen Kindern nicht mitmachen?" frage ich meine Oma Emmy.

Sie erklärt mir, dass sie katholisch ist, aber diesen Glauben nicht verstanden habe, und aus diesem Grunde auch meine Mama nicht getauft wurde.

„Josie, die katholische Kirche hat zu viele Rituale, die ich nicht mag. Sicher hast du schon gehört, dass deine Mitschüler zur Beichte gehen müssen?" „Ja stimmt, das haben sie erzählt und so getan, als wenn es etwas sehr Geheimes ist."

Oma erklärt mir, was die Beichte ist und fragt dann: „Josie, welche Sünden müsstest du jetzt beichten?" „Mir fallen keine ein. Was habe ich Schlimmes getan...mmh, Oma, ist es eine Sünde, wenn ich heimlich Schokolade genascht habe?"

„Was meinst du denn?", fragt Oma. „Nein, ich glaube, das ist keine Sünde. Es ist sicher eine Sünde, wenn ich anderen etwas stehlen würde." „Ja, genau das sind Sünden", antwortet Oma, „und wann machen Kinder das?"

„Na, gar nicht, denn wir Kinder wissen schon, was Gut und Böse ist. Also gehen meine Mitschüler schon im Voraus beichten und bekommen dann eine Guthabendose für Sünden?"

„Josie, genau das ist es, was ich auch nicht verstanden habe. Ich musste beichten gehen, jeden Samstag... aber ich wusste nicht was. Diese Samstage waren als Kind für mich eine schreckliche Zeit. Aus diesem Grunde ist deine Mama auch nicht getauft und du ebenfalls nicht.

„Danke Oma, jetzt bin ich nicht mehr neidisch auf die anderen."

Einige Tage später denke ich noch einmal über alles nach. Die anderen haben mir von Gott erzählt und gesagt, dass ich keinen Gott habe und dass sie für mich beten würden. „Mama, Mama, ich will auch einen Gott haben", komme ich heulend zur Tür herein gelaufen. „Ich will nicht anders sein." „Warum brauchst du jetzt einen Gott?" fragt Mama. „Damit ich nicht in die Hölle komme."

„Ach Josie, du kommst doch nicht in die Hölle. Die anderen Kinder haben diese Worte jetzt neu gehört: Hölle, Teufel, Fegefeuer, Jesus Christus. Ihnen wird erklärt, dass nur derjenige in den Himmel kommt, der an Jesus Christus, Gottes Sohn, glaubt. Es ist aber noch niemand gekommen und hat gesagt, dass das wahr oder unwahr ist." „Ich werde in Ruhe darüber nachdenken", sage ich zu Mama und gehe in mein Zimmer.

Oma Emmy ist schon lange sehr krank. Ich weiß, dass sie bald sterben muss. Ich will das aber nicht. Ich gehe zu Oma und frage: „Wohin gehst du, wenn du tot bist? Davids Oma ist in den Himmel gekommen. David sagt: „Meine Oma ist jetzt ein Engel." Bist du dann auch ein Engel?"

„Das weiß ich nicht. Noch niemand ist vom Himmel gekommen und hat das bestätigt. Es ist aber ein schöner Gedanke. Vielleicht ist aber auch so, dass der Körper beerdigt wird, und der Geist ist frei und verschwindet einfach."

Ich gehe gerne zu Oma. Sie hat auf alle meine Fragen zu Gott, Jesus Christus, Himmel und Hölle Antworten. Nun kann ich verstehen, warum ich nicht getauft bin. Auf meine Mitschüler, die zur Kommunion gehen, bin ich jetzt nicht mehr neidisch. Am „weißen Sonntag", so heißt der Tag der Kommunion, gehe ich mit Oma auch zur Kirche. Es ist alles sehr feierlich.

Nach der Kommunion sind alle wieder wie früher. Keiner sagt mehr etwas davon, dass ich keinen Gott habe. Als ich an einem Morgen im Mai aus der Schule komme, sagt Mama:

„Oma ist gestorben. Sie ist nicht mehr aufgewacht. Diesen Zettel hatte Oma in der Hand. Sie hat ihn gestern Abend noch geschrieben“:

Der Wind zur Sturmkraft angetrieben
Wiegt ihren Körper sanft hin und her.
Gott sei Dank nicht noch ein Morgen
Ihr Geist befreit von Angst und Sorge.
Reise zur herrlichen Leere
zum herrlichen Nichts.
Das Herrliche leere Nichts,
leere Nichts.

Für meine liebe Josie
Deine Oma Emmy

Ich bin traurig. Oma, Ich werde dich nie vergessen, egal, ob du ein Engel bist oder ins herrliche Nichts gereist bist.

Es tut sehr weh. Oma fehlt mir. Keiner erzählt mir so schöne Geschichten von früher. Omas Gedicht habe ich in eine kleine Schatzkiste gelegt und jedes Mal, wenn ich traurig bin, hole ich diesen Zettel heraus. Dann ist es so, als wenn Oma Emmy bei mir ist. Das herrliche leere NICHTS kann also nicht so weit sein.

Opa ist mein bester Freund

Ich bin Niklas, werde bald 9 Jahre alt, gehe in die dritte Klasse und habe
das Gefühl anders zu sein, als die anderen Kinder in meinem Alter.

Wir leben auf einem Bauernhof. Mein Vater ist Landwirt. Eigentlich sind wir alle Landwirte, da jeder von uns eine Aufgabe auf dem Hof hat. Ich habe zwei ältere Brüder, die nicht mehr bei uns auf dem Hof leben, sondern zum Studium nach Hamburg und Berlin gezogen sind.

Mein Opa ist schon über 80 Jahre. Er ist mein bester Freund.
Ich habe sonst eigentlich keine Freunde.

Meine Mitschüler sagen, ich wäre zu langsam für alles. „Mit dir kann man nicht spielen, du lahme Kröte." Manchmal sagen sie auch: „Du weißt immer alles besser, du bist ein lahmer Klugscheißer." Eine Mitschülerin, die Marie, die spricht ab und zu mit mir. Sie wird auch von den anderen geärgert. Marie ist pummelig und hat rote Haare.

Sonst ist mein Leben eher langweilig. Ich weiß aber auch nicht, was so toll daran scin soll, mit dem Fahrrad im Dorf immer im Kreis zu fahren. Als ich es in den Ferien – da waren die anderen fast alle im Urlaub – ausprobierte und dreimal im Kreis durchs Dorf fuhr, fand ich es nur langweilig. Auch nach dem sechsten Mal wurde es nicht besser.

Mein Opa ist mein bester Freund. Ihm kann ich alles anvertrauen. Mit ihm kann ich die tollsten Wanderungen durch den Wald unternehmen. Mama sagt immer: „Es ist so schön, dass Opa so fit ist."

Opa hat auch viel Geduld mit mir, denn ich kann einfach nicht sofort auf Fragen antworten. Ich muss mir die Antwort genau überlegen. Ich sage nicht gern etwas Falsches. Opa weiß sehr viel, er liest sehr viele Bücher. Fernsehen mag er nicht, ich auch nicht. Deswegen kann ich auch nicht mithalten, wenn die anderen über irgendwelche Ninja Kämpfer usw. reden. Dafür weiß ich aber, wo welches Land liegt, welche Sterne am Himmel stehen und wie die Sternbilder heißen.

Ab und zu möchte ich schon dazugehören, aber außer Marie will niemand Kontakt zu mir. Ich werde auf keine Geburtstagsparty eingeladen und zu meiner kommt nur Marie.

Opa ist schon sehr alt und alte Menschen werden sterben. Opa hat mir schon davon erzählt, denn Oma ist ja schon im Himmel. Opa sagt, er freut sich darauf, seine geliebte Frau im Himmel wieder zu treffen.

Opa erzählt mir abends immer noch eine „Gute-Nacht-Geschichte".

Heute erzählt er mir von seiner Hochzeit und wie schön seine Frau, meine Oma, war. Er vermisst sie ganz doll.

Ahnte Opa etwas?

„Opa ist heute Nacht *eingeschlafen*", sagt Mama am nächsten Morgen.

„Eingeschlafen"… Schläft man nicht jede Nacht ein? Ich weiß, was Mama sagen will, aber ich möchte nur hören, dass Opa eingeschlafen ist und später wieder aufwacht. Ich gehe in Opas Zimmer. Opa liegt da mit gefalteten Händen. Auf dem Nachttisch steht eine brennende Kerze. Er sieht glücklich aus.

Opa wird beerdigt.

Ich vermisse Opa. Ich vermisse es, dass er mir Geschichten erzählt. Ich vermisse seine Nähe. Ich bin so traurig. Mama hat mich gefragt, ob ich in *eine Trauergruppe für Kinder* gehen möchte.

Ja, ich möchte dahin. Mama bringt mich hin. Es ist eine Gruppe mit Kindern in meinem Alter. Jeder hat einen lieben Menschen verloren.

Heute hat die Gruppenstunde das Thema Gefühle.

Miriam, die Gruppenleiterin, hat einen großen Umriss eines Menschen auf den Flipchart gemalt. Wir haben alle unsere Augen geschlossen, um zu fühlen, wo es am meisten wehtut, wenn wir an unseren lieben Verstorbenen denken.

Ich schließe die Augen und fühle die Trauer um Opa am ganzen Körper. Ich vermisse ihn so sehr. Nun sollen wir alle unseren Schmerz in diesen Umriss malen. Ich überlege und es dauert eine Weile, bis ich genau weiß, dass er in meinem Herzen wehtut. Die anderen Kinder malen ihren Schmerz auch ein.

Es ist schön hier in der Gruppe. Wir können traurig sein. Wir lachen aber auch. Hier möchte ich wieder hin.

Keiner hat mich gedrängelt, als ich länger als die anderen dafür brauchte, um genau zu sagen, wo mein Schmerz sitzt. Hier haben alle einen lieben Menschen verloren. Hier darf ich weinen, wenn mir danach zumute ist. Alle sind lieb und nett zueinander.

Nach ein paar Gruppenstunden habe ich das Gefühl, dass der Schmerz über Opas Tod weniger geworden ist. Dafür hat sich ein anderes Gefühl bei mir eingestellt: Freude auf die nächsten Treffen mit den Kindern der Gruppe.

Vergessen werde ich Opa aber nie.

Warum?

Hallo, ich bin Lara und ich möchte euch meine Familie vorstellen:

Ich bin 14 Jahre alt und habe drei jüngere Schwestern. Das sind Johanna (Hanni) und Charlotta (Charly). Sie sind 10 und 11 Jahre alt. Und dann ist da noch unser Julchen mit 7 Jahren. Dann gibt es noch Oma und Opa, die Eltern von unserem Papa.

Papa ist tot.

Mama hat uns vor 6 Jahren verlassen. Als sie ging, sagte sie: „Ich muss jetzt mein Leben leben." Ich habe damals nicht verstanden, was sie meinte, und ich verstehe es immer noch nicht, dass sie uns allein gelassen hat.

Papa sagte damals kein Wort, er stand einfach nur da.

Oma und Opa sind dann zu uns gezogen, und alle zusammen haben wir es bisher recht gut gemeistert. Von unserer Mutter kommt zu Weihnachten eine Karte. Wir hatten sie noch nicht wieder gesehen. Noch – aus dem Grunde, weil sie jetzt unsere einzige Erziehungsberechtigte ist.

Papa ist unser Erziehungsberechtigter. Papa *war* unser Erziehungsberechtigter. Ich muss mich noch daran gewöhnen.

Ich will, dass die Tür aufgeht und Papa ruft: "Hallo meine Mädels, ich bin da."

Ich weiß, als Älteste muss ich stark sein.

Oma und Opa sind vollkommen fertig.

Durch dieses „furchtbare Ereignis" (so nennen es die Nachbarn) sind sie vollkommen von der Rolle. Oma sitzt nur noch weinend in der Ecke und Opa versucht alles für die Beerdigung zu regeln.

Charly und Hanni kümmern sich total toll um Julchen. Ich versorge den Haushalt und kümmere mich darum, dass alles sauber und ordentlich ist, denn morgen ist die Beerdigung.

Als wir am Grab angekommen sind, stehen schon viele Menschen dort. Der Trauerredner spricht ein paar Worte, und dann wird die Urne in die Erde gelassen. Oma bricht am Grab zusammen und schluchzt hemmungslos. Charly und Hanni nehmen Opa in ihre Mitte. Julchen und ich gehen mit Oma nach Hause.

Wir vier Mädchen sind in einer totalen Starre. Wir funktionieren. Wieder wurden wir verlassen.

Auf dem Friedhof ist auch Fiona. Fiona war vier Jahre Papas Freundin. Sie haben sich getrennt. Sie haben nicht nur sich getrennt, sondern Fiona hat sich auch von uns getrennt. Ich glaube, Papa wollte das dann so. Ich weiß es aber nicht genau. Irgendwann werde ich Fiona fragen.

Papa hatte sich nach der Trennung von Fiona vor einem Jahr verändert. Er kam immer erst spät abends nach Hause. Hatte keine Zeit mehr für uns. Wurde auch böse, wenn wir ihn nicht in Ruhe ließen. Früher hatten wir genug Geld und es war kein Problem, wenn wir etwas für die Schule brauchten. Charly konnte schon die letzte Klassenfahrt nicht mitmachen, weil wir das Geld nicht dafür hatten.

Opa erklärte mir, dass Papa spielsüchtig sei, d.h. dass er kaum noch zur Arbeit ging und sein Geld in den Spielautomaten „verprasste". Opa hatte versucht ihm zu helfen, und bat ihn, zu einem Therapeuten zu gehen. Papa meinte, er schaffe das allein.

Seit ein paar Tagen kommt eine Trauerbegleiterin zu uns. Sie spricht mit uns Mädchen, Oma und Opa. Wir erzählen ihr von Papa und von unserer Mutter. Charly und Hanni gehen jetzt in eine Trauergruppe. Das gefällt ihnen sehr gut. Dort sind sie mit ihrer Trauer nicht allein. Ich gehe mit Julchen auf den Hof, dort gibt es Tiere. Die Trauerbegleiterin kommt auch mit. Wir sprechen viel miteinander. Julchen erzählt den Tieren, wie traurig sie ist.

Es wird wohl noch einige Zeit dauern, bis wir verstehen, was da passiert ist und warum.

Papa hat sich das Leben genommen. Warum hat er das getan? Warum hat er nicht an uns gedacht? An manchen Tagen bin ich so sauer auf ihn, dass ich platzen könnte. An anderen Tagen habe ich Verständnis für den Weg, der er gewählt hat.

Unsere Mutter kommt jetzt regelmäßig zu uns. Sie wurde von Papas Tod informiert und hat sich in der Nähe eine kleine

Wohnung genommen. Sie hilft im Haushalt und Charly und Hanni bei den Hausaufgaben. Julchen ist viel bei Oma oben. Sie kann mit „dieser Mutter" noch nicht viel anfangen.

Mal schauen, wie unser Leben ohne Papa weitergeht. Aber eins ist ganz sicher.

Papa, wir werden dich nie vergessen, weil wir dich so lieb haben.

Folgende Bücher sind von uns bereits erschienen:

Geschichtenbuch für ältere Kinder und jüngere Jugendliche

„Und wie geht es mit meinem Leben weiter?"

Diese Sammlung von Geschichten handelt von Jugendlichen, die einen geliebten Menschen verloren haben und um ihn trauern. Es ist für sie nicht einfach, mit dieser neuen Situation umzugehen. Die Erzählperspektive ist wie bei

„Und wo ist der Himmel?" die Sicht der Jugendlichen, die als Ich-Erzähler auftauchen und sich und ihre bisherige Lebenssituation vorstellen. Wenn sie dann beschreiben, wie sie ihren Verlust erleben, nimmt man teil an ihren Überlegungen, an ihren Ängsten und ihrer Betroffenheit. Und man erfährt, wie sie mit ihrer Trauer ins Reine kommen.

Bilderbücher:

„Tante Klöpper und ihre Seele"

Tante Klöpper ist gestorben und wird beerdigt. Die kleine Vroni ist mit ihrer Oma auf dem Friedhof dabei. Sie mag es gar nicht, als die Erde auf den Sarg geworfen wird. Schließlich findet sie heraus, warum es im Himmel kein Gedränge gibt.

„Bin oder war ich Bruder?"

Chris traut sich nicht mehr in den Kindergarten, weil Sofia ihn immer nach seiner kleinen Schwester fragt. Sunny ist kurz nach der Geburt gestorben, und Chris macht sich den Vorwurf, er habe ihren Tod verursacht, weil er lieber einen Bruder haben wollte.

Als er sich schließlich der Erzieherin Kathi anvertraut, erklärt sie ihm, dass eine schwere Krankheit die Ursache für den Tod seiner Schwester ist, und er akzeptiert, dass aus Sunny ein Engel geworden ist.

„Mona – ohne Mama ist plötzlich alles anders"

Es ist Sonntagmorgen kurz vor acht Uhr. Mona kann es kaum erwarten, bis sie zu ihrer Mutter ins Bett krabbeln darf, um von ihr ausgekitzelt zu werden. Danach freut sie sich auf einen wunderschönen Tag mit ihrer Mama. Doch plötzlich ist alles anders und schrecklich. –

Alle sind für sie da, und ihr Vater bastelt für sie eine Erinnerungskiste, die Mona hilft, allmählich mit der neuen Situation klar zu kommen.

„Mona – wie sich mein Leben ohne Mama verändert"

Monas Mama ist gestorben.

Ihr Leben ändert sich grundlegend. Sie lebte vorher allein mit ihrer Mutter zusammen und zieht jetzt zu ihrem Vater und seiner Lebensgefährtin Anni.

Ihr Papa hat ihr eine Erinnerungsschatzkiste gebaut, in die sie Dinge legen kann, die sie an ihre Mama erinnern. Papa hat ihr auch ein Glas mit 2280 bunten Perlen geschenkt. Für jeden Tag eine Perle, den Mona mit ihrer Mama erlebt hat.

Als sie in die Schule kommt, findet sie neue Freunde - Chris und Ina. Chris hat seine kleine Schwester verloren. Mona und er werden immer wieder von der fröhlichen Ina aufgemuntert.

Als Anni dann ein Baby erwartet, wird die Welt für Mona schon wieder ein wenig freundlicher. Sie freut sich über ihren kleinen Bruder Yannik.

Gefühlskartenbuch

„Trauertiere"

Diese von Martine Blankenburg gemalten Trauertiere sind dazu gedacht, die jeweilige Gefühlslage der trauernden Kinder und Jugendlichen anzuzeigen. Sie können ausgeschnitten und auch noch laminiert werden.

Konzeptbuch für die Trauerbegleitung von Kindern und Jugendlichen

Dieser Band enthält eine Vielzahl von Anregungen und Materialien, die ebenfalls für die Arbeit mit trauernden Kinder und Jugendlichen gedacht sind. Je nach den Bedürfnissen der Betroffenen finden die Begleiter hier Struktur und Anleitung für die kreative Behandlung sensibler Themen. Dabei wird auch auf die konkrete Planung und Vorbereitung der Gruppentreffen Wert gelegt.